BEI GRIN MACHT SICH IHR WISSEN BEZAHLT

AF144610

- Wir veröffentlichen Ihre Hausarbeit,
  Bachelor- und Masterarbeit

- Ihr eigenes eBook und Buch -
  weltweit in allen wichtigen Shops

- Verdienen Sie an jedem Verkauf

Jetzt bei www.GRIN.com hochladen und kostenlos publizieren

Ingo Andreä

Der Gottesnarr in der russischen Literatur und Opernwelt

Seine Bedeutung und Stellung auf der Grundlage des Werkes Boris Godunows

GRIN Verlag

Bibliografische Information der Deutschen Nationalbibliothek:

Die Deutsche Bibliothek verzeichnet diese Publikation in der Deutschen National-
bibliografie; detaillierte bibliografische Daten sind im Internet über http://dnb.d-
nb.de/ abrufbar.

Impressum:

Copyright © 2007 GRIN Verlag GmbH
Druck und Bindung: Books on Demand GmbH, Norderstedt Germany
ISBN: 978-3-640-38318-4

Dieses Buch bei GRIN:

http://www.grin.com/de/e-book/132312/der-gottesnarr-in-der-russischen-literatur-
und-opernwelt

GRIN - Your knowledge has value

Der GRIN Verlag publiziert seit 1998 wissenschaftliche Arbeiten von Studenten, Hochschullehrern und anderen Akademikern als eBook und gedrucktes Buch. Die Verlagswebsite www.grin.com ist die ideale Plattform zur Veröffentlichung von Hausarbeiten, Abschlussarbeiten, wissenschaftlichen Aufsätzen, Dissertationen und Fachbüchern.

Besuchen Sie uns im Internet:

http://www.grin.com/

http://www.facebook.com/grincom

http://www.twitter.com/grin_com

 Universität Hamburg
Historisches Seminar
Übung „Helden, Schurken, Heilige II: Geschichte und Literatur im östlichen Europa"
WS 2006/07

Der Gottesnarr in der russischen Literatur und Opernwelt – Seine Bedeutung und Stellung auf der Grundlage des Werkes Boris Godunow

Vorgelegt von:
Ingo Andreä

Inhaltsverzeichnis

1 Einleitung

Das beeindruckende Werk Boris Godunows ist für die russische Literatur als auch für die Opernwelt im russischen Reich von herausragender Bedeutung. Die Werke bauen auf einen historischen Hintergrund auf und sind durch ihre Erzählkunst zu einer der wichtigsten Werke der damaligen Gegenwart geworden. Sie wurden teilweise stark diffamiert, aufgrund ihrer Direktheit und der eingearbeiteten Kritik gegenüber dem vorherrschenden System. Aber trotzdem bekundete das Volk seine Zuneigung zu diesem Werk, sowohl zu der literarischen Aufbereitung des Werkes des großen russischen Dichters Puschkin, das einige Jahre vor der Oper veröffentlicht wurde, als auch dem Novum der Oper von Mussorgskij. Diese Oper hatte aber Probleme in der Akzeptanz in der Bevölkerung.

Mussorgskij beruft sich bei seinen Hintergrundinformationen auf einem großen Historiker der russischen Geschichte, Herr von Karamsin, und er schöpfte zusätzlich von der Literaturvorlage des großen Meister der russischen Literatur: Puschkin.

Puschkin wurde dagegen inspiriert von der aufregenden Gegenwart in der er lebte und fand die historische Vorlage für sein Buch bei dem Zaren Boris Godunow. Diese Vorlage ermöglichte ihm, dass er seine wohlverstandene Kritik in einem Roman einsetzen konnte, ohne die Zäsur zu fürchten. Das dies nicht so einfach war, wird in den folgenden Kapiteln etwas deutlicher.

Der Gottesnarr spielt in den Werken eine Rolle, welche die Komplexität und Gesamtheit der Handlung in sich vereint. Der Christusnarr spiegelt darüber hinaus den Zustand der damaligen Gegenwart zu Lebzeiten der Autoren wieder.

Diese Arbeit versucht sich diesem Themenkomplex etwas zu nähern und Licht ins Dunkel zu bringen. Die Literatur und Quellenlage in der westlichen Welt ist beeindruckend dürftig und bedarf einer Aufarbeitung. Diese Arbeit analysiert die Geschichte in der Literatur und zieht die sich ergebenen Schlüsse daraus.

2 Der Gottesnarr und seine Bedeutung für Russland

Der Gottesnarr ist eine sehr prägende Figur in dem Stück und spiegelt den armseligen und erschöpften Russen wieder. Die Zerrissenheit und beklemmende Atmosphäre charakterisiert nicht nur die Theateraufführung, sondern beschreibt auch den Umbruch in der Gesellschaft selbst. Das Russische Reich macht sich auf in die Moderne, unter dem Zwang der Europäisierung. Das Abschütteln der alten verträumten Ansichtsweisen und die stückweise Befreiung der unter der Knute lebenden Menschen von dem alten System hin zur modernen Technologie. Die orthodoxe Religionsausübung und die damit verbundene Unterwürfigkeit zum Zarentum begründen die Lebensweise und gleichzeitig damit die Gottesfürchtigkeit des Volkes. Der Zar ist Gottesinstrument auf Erden und nur durch Gott legitimiert.

All diese Eigenschaften und Situationen werden durch den Gottesnarr verkörpert. Aber was stellt der Gottesnarr dar und welche Bedeutung hat diese tragische Figur? Dies soll im folgendem näher erläutert werden.

3 Der Gottesnarr in der altrussischen Kultur

Die Figur des Gottesnarren ist in der westlichen Hemisphäre unbekannt und ist auch mit keiner westlichen Theaterfigur vergleichbar. Diese Tatsache macht es dem westlich-orientiertem Betrachter sehr schwer diese Figur zu verstehen und den Hintergrund und die Aussagekraft dieser Figur zu begreifen. Das aus dem russischem übersetzte Wort Gottesnarr ist darüber hinaus für die westliche Welt schlecht und unpassend übersetzt und beschreibt nicht exakt die Bedeutung des russischen Wortes jurodstvo. Dieser Begriff aus der altrussischen Kultur müsste als Christusnarr (-entum) übersetzt werden. Diese Übersetzung fasst den komplexen und vielschichtigen Kulturbegriff besser und treffender zusammen.

Der Jurodstvo ist eine Grenzpersönlichkeit, die zwischen der Theaterwelt, der Spaßgesellschaft, und der strengen kirchlichen Kultur steht. Er ist eine Art Gaukler und wird von der Gesellschaft verspottet, zusätzlich wird er aber von der orthodoxen Kirche und dem Zar beschützt und fast verehrt.[1] Dies wirkt eher befremdlich und unbegreiflich. Deswegen ist

---

[1] Lichacev, Dmitrij/ Pancenko, Aleksandr: Die Lachwelt des alten Rußland. München 1991. S. 85.

es an dieser Stelle nötig, einen kurzen Einblick in die orthodoxe Geschichte des Jurodstvo zu erhalten.

Es gibt einige Christusnarren, die von der orthodoxen Kirche verehrt werden. Symeon von Emesa, Andreas von Konstantinopel, Isidora oder Seropion Sindonit, nur um einige zu nennen. Sie sind Heilige und werden verehrt von den Gläubigen der orthodoxen Gemeinschaft. Die Geschichte der russischen Gottesnarren geht auf Isaakij vom Höhlenkloster in Pecerskij, welcher im 11. Jahrhundert lebte, zurück.[2] Die weiteren Aufzeichnungen beginnen dann wieder im 15. Jahrhundert. Die Gottesnarren erfuhren eine große Beachtung und Verehrung in der leidenden, russischen Bevölkerung. Dies lag wohl auch daran, dass die gesellschaftliche Situation des geknechteten Staates (Schollenpflicht der Bauern) und die ständigen Kriege den Staat und das Volk belasteten[3] Auch die Terrorherrschaft von Iwan dem Schrecklichen bis hin zu Boris Godunow setzte dem Volk arg zu. Die Menschen flüchteten sich in ihren Glauben und suchten dort Frieden und Glückseligkeit. Diese Umstände begünstigten das Aufkommen von Christusnarren und Gauklern, die zur Festigung der eigenen christlichen Wurzeln beitrugen. Einige der Narren, welche teilweise große Persönlichkeiten waren, konnten politischen Einfluss erlangen. Die ausländischen Besucher im 15. bis 17. Jahrhundert waren von diesem Phänomen so sehr fasziniert, dass sie dies in ihren Aufzeichnungen festhielten. Hier zu gehörte Siegmund Freiherr von Herberstein. Er unternahm einige Reisen nach Russland und verfasste einige sehr lebhafte Darstellungen vom damaligen Russischen Reich und erwähnte auch sehr imposant die Gottesnarren. Er veröffentlichte zum Beispiel das Werk *Rerum Moscoviticarum comentarii* um 1550. Dort beschreibt er auf einigen wenigen Seiten den für ihn befremdlich wirkenden Christusnarren.[4] Genau in dieser Epoche gelangte das russische Narrentum zu seiner Blüte und verfestigte sich in der russischen Seele, sodass es von dem Stalinismus und der Sowjetzeit nicht beseitigt werden konnte. Das Narrentum führte ein Schattendasein, aber hatte immer einen festen Platz in der orthodoxen Bevölkerung.

Das Wesen der Narren liegt in der Selbsterniedrigung, in dem Wahnsinn und der Verachtung des Volkes, also all derer Menschen, die durch ihr Leben ihre Sünden auf jemanden werfen (Christliche Glaubensvorstellung). Das soll heißen, dass die Christusnarren ihr Leben dem Leben Christus nachempfinden. Ein Leben voller Mühsal, Schmach und Beschimpfungen in jeglicher Art und Weise, welche auch nicht vor Kaiser oder Kirche beendet werden. Der Narr

---

[2] Lichacev, Dmitrij/ Pancenko, Aleksandr: Die Lachwelt des alten Rußland. München 1991. S. 85.
[3] Nolte, Hans- Heinrich: Kleine Geschichte Rußlands. Bonn 2005. S. 52ff.
[4] Freiherr von Herberstein, Siegmund: Rerum Moscoviticarum comentarii. Basel 1549.

konnte jeden mit Wort und Tat erniedrigen und auf die Gottesfurcht aufmerksam machen. Hier kommt die Narrenfreiheit zum Vorschein. Sie kritisieren die Lebensumstände ohne ein Blatt vor dem Mund zu nehmen und tun dies, ohne Folgen für das eigene Wohl befürchten zu müssen.[5] Die Würde, die mit diesem „Amt" verbunden war, hatte auch seinen Preis. Das Anklagen und Entlarven von Missständen musste mit dem bettelarmen Leben auf der Straße und der ewigen Abhängigkeit von milden Gaben bezahlt werden. Nicht nur arme Menschen übten dieses Amt aus, sondern auch herausragenden Persönlichkeiten aus der näheren Umgebung des Zaren oder der orthodoxen Kirche.

Zusammenfassend lässt sich feststellen, dass das Christusnarrentum nur in Russland vorgekommen ist und sich nicht über den Grenzen ausgebreitet hat, es scheint aus westlicher Betrachtungsweise außergewöhnlich. Die Kulturausprägung war für den russischen Herrschaftsraum prägend.

Die Figur des Christusnarren findet sich in der alltäglichen und in der klassischen russischen Literatur und somit in den Volksstücken sehr häufig wieder. Der Narr wird meist unterschwellig präsentiert, spielt aber dennoch einen wichtigen Part und soll den gesellschaftlichen Protest wiederspiegeln und die schon erwähnte Gesellschaftskritik tragen. Das mittelalterliche Theater lebte von der Rolle des seligen und heiligen Narren.

4 Der gesellschaftliche Protest in der Personifizierung des Gottesnarren

Man hält die Christusnarren für Propheten und besondere heilige Männer. Ihnen wurde erlaubt frei zu reden, ohne ihnen zu widersprechen oder sie zu tadeln.[6] Das Volk liebte die Seligen, denn sie prangerten die Missstände an und drückten die Volksseele aus. Der Jurodstvo trat als Ankläger und Entlarver auf. Die personifizierte und lebendige Gestalt stellt sich gegen die Mächtigen des Staates. Der Christusnarr ging kühn und ohne Furcht gegen Würdenträger und Zar vor. Die Schmach der Armut ertragend, aber geschützt durch die vollkommende Freiheit.

Die fiktionale Figur in Puskin´s Drama wurde von den Kindern verspottet, aber von dem Volk und dem Zar geachtet. Eine sehr zwiespältige Situation. Der Verspottete war ein kühner und unbehelligter Ankläger des Kindermörders Godunov. Er sprach aus, was das Volk lieber

---

[5] Lichacev, Dmitrij/ Pancenko, Aleksandr: Die Lachwelt des alten Rußland. München 1991. S. 91-95.
[6] Fletcher, Giles: O gosudarstve Russkom. St. Petersburg 1911. S. 142- 144.

verschwieg. Er war der Anwalt der Gesellschaft, denn wenn das Volk schwieg, sprach der Gottesnarr anstelle- und dies tat er furchtlos.[7]

Im Christusnarren sind verschiedene Formen des Protestes in einer Person vereinigt. Die Lebensart allein – Obdachlosigkeit und Nacktheit – diente schon als Anklage gegen eine ungerecht verteilte Form der Ordnungspolitik. Einige Menschen sind sehr reich und andere sehr arm. Zwischen diesen beiden Extremen gab es nur sehr wenige. Der Gottesnarr ist die personifizierte Ungerechtigkeit der Verteilung von Wohlstand. Das Unterjochte russisches Volk findet in dem Narren eine Ausdrucksmöglichkeit für den Protest an dem Staatgefüge, ohne dabei ihr Gesicht zu verlieren.

Das fröhliche und stets zum Klamauk aufgelegte Narrentum, wie man ihn in der westlichen Hemisphäre kennt, fehlt in der der Lektüre gänzlich. Der Narr ist ein zerrissener und zerlumpter Typ. Er wirkt weder fröhlich noch unterhaltsam für das Publikum. Der Narr ist eher voller Anklage und Traurigkeit. Dieses wird in jeder Szene dargestellt. Er spricht, wie schon beschrieben, die Missstände der Gesellschaft an, in ernster Gestalt und nicht in witziger Form.

Woran liegt dieses Phänomen, welches sich für den europäischen Zuschauer/ Leser ergibt? Das der Narr kein lustiger Zeitgenosse sein konnte, lässt sich durch das Verhältnis des orthodoxen Glaubens zum Lachen erkennen. Das Lachen an sich hielt man für sündig und unrein. Die starke und genaue Auslegung der Bibel bestärkte die Kultur des „Lachverbotes" für Heilige. Ein Beweis findet man bereits bei Johannes Chrysostomos[8], der bemerkte, dass Christus in den Evangelien niemals lächelte bzw. lachte und ein sehr ernster und gefestigter Mann war. Das Christentum in Westeuropa dagegen war „aufgeklärter" und formte den Narren als einen lustigen Part in der Gesellschaft und die Gesellschaft frönte darüber hinaus auch der Vergnügungssucht. Die Interpretation von dem Gefühlsausdruck des Lachens geht in Russland soweit, dass das Lachen ein Beweis für körperliche Schwäche ist. Ein Mann lacht nicht, vorausgesetzt er war kein Geisteschwacher oder ein Verrückter. Weitere Beweise der fremdlich anmutenden Kultur des Narrentums, finden wir in verschiedenen Beschreibungen in der russischen Literaturgeschichte. Auch noch heute lassen sich einige für uns fremdartige kulturelle Gegebenheiten feststellen.

Das bloße Auftreten des Narren und das Schweigen in verschiedenen Situationen der Erzählung von den jeweiligen Autoren kann als Vorwurf und Tadel aufgefasst werden. Der

---

[7] Lichacev, Dmitrij/ Pancenko, Aleksandr: Die Lachwelt des alten Rußland. München 1991. S. 129.
[8] Lichacev, Dmitrij/ Pancenko, Aleksandr: Die Lachwelt des alten Rußland. München 1991. S. 135f.

Jurodstvo kann nur durch sein Erscheinen in einer Situation die gesamte Szene so beeinflussen, so dass sie zunächst augenscheinlich harmlos ist, aber beim detailierten betrachten wieder eine versteckte Kritik gegen das System darstellt.

Der Christusnarr versteckt hinter seiner Maske nicht nur Dummheit und Trottelhaftigkeit, sondern auch Weisheit und Heiligkeit. Welcher Protest steckt hinter dem Schwachsinnigen im Werk Boris Godunow nun eigentlich genau?

Der Auftritt vom Jurodstvo wird immer im Hintergrund begleitet von dem Vorwurf der Ermordung eines Kindes. Bei jedem einzelnen Auftritt wird dem Zuschauer diese Anklage bewusst. Die gesellschaftliche Anklage könnte lauten, dass viele Kinder ermordet wurden seit dem 15. Jahrhundert, und zwar nicht nur im Zarenhaus aufgrund von politischem Kalkül, sondern auch im gemeinen Volk. Auch Puschkin und Mussorgskij klagen dieses in ihrer Aufbereitung des Themas an. Eine weitere These sind die Missstände der Bevölkerung zur Zeit des Zaren Boris, als auch in der Gegenwart des Verfassers.

Im mittelalterlichen Russland war der Narr eine Institution des Protestes. Die größte Schärfe und Kraft erreichte er am Ende des 17. Jahrhunderts, zur Zeit der Kirchenspaltung.[9] Zu dieser Zeit kam es zu Repressalien durch die Obrigkeit. Russland machte sich auf den Weg in Richtung Europa und da störten die althergebrachten Kulturen. Die Unzufriedenheit der Landbevölkerung und der Aufbruch zur Umgestaltung der Macht stellten Russland vor ein großes Problem. Deutlich zeigen dies die geschichtlichen Ereignisse um 1850. Die Politik vollzog einige Reformen, die Landbevölkerung wurde neu geordnet, der Krimkrieg und der Bauernaufstand taten ihr übriges. Die Differenzierung der Bauern wurde durchgesetzt. Der Kleinadel verlor Macht und Ansehen. Es gab eine neue Schicht der Industriellen. Diese verdrängten durch Macht und Geld den Kleinadel aus den Fabriken. Die neuen Industriellen schöpften die Bauernsöhne ab, die Gutsherren rissen das Land an sich. Die Mehrzahl der Landbevölkerung lebte durch die Umstrukturierung unter dem Existenzminimum. Dieser Dampfkessel musste irgendwann explodieren. Viele hielten sich an alte Tugenden, so auch an dem Christusnarren und fanden dort Halt und Sicherheit. Sie fanden den Ausdruck des Protestes in Stücken von Schriftstellern wie Puschkin, der dem Volk aus der Seele schrieb. Er half sich mit Figuren aus den verpönten Dingen aus der Geschichte, so dass die Obrigkeit nichts gegen ihn in der Hand hatte. Das historische Stück war ein gesellschaftlicher Protest im Ganzen und im Speziellen fand es sich in der Figur des Gottesnarren wieder.

---

[9] Lichacev, Dmitrij/ Pancenko, Aleksandr: Die Lachwelt des alten Rußland. München 1991. S. 168.

5 Schlussbetrachtung

Die mannigfaltige Darstellung der Figur macht sie für die historische Betrachtung sehr interessant und zusätzlich kam die Komplexität der Fakten erschwerend hinzu. In der russische-orthodoxen Kirche gab es 36 Christusnarren, die heilig gesprochen wurden. Alle sind sehr unterschiedlich und kaum miteinander vergleichbar. Dem Westeuropäer, welcher den christlichen Wertevorstellungen unterworfen ist, wird nicht klar, welche Aussagekraft und teils eine welche Art Magie der Gottesnarr für das Volk gehabt haben muss und teils noch hat. Neben der Unkenntnis der kyrillischen Sprache, Geschichte und der Glaubensausprägung ist die Literatur dieser Materie für einen Laien undurchsichtig. Die Quellen- und Literaturlage in Europa ist verschwindend gering und nur schwer ausfindig zu machen. Dies macht deutlich, dass es kaum Versuche gibt, sich mit dieser faszinierenden Thematik näher auseinanderzusetzen. Neben all diesen Problemen lässt sich aber auch ein Fazit ziehen: Die unbekannte russische Geschichts-, Religions- und Literaturwelt muss zugänglich gemacht und erarbeitet werden. Erste Ansätze lassen sich mit der bestehenden Literatur erfassen. Aber es gibt noch einiges weiter zu erforschen.

Als Erkenntnis lässt sich noch herausstellen, dass der gesellschaftliche Protest und die altrussische Kultur in der Vergangenheit immer präsent waren. Selbst zu Zeiten des Stalinismus und der Sowjetdiktatur wurde dieses gesellschaftskritische Narrentum bewahrt. Der Protest in den Schriften und Theaterstücken wurden von den Menschen dort verstanden und galt als Instrument der Freiheit. Das Volk konnte sich frei bewegen und gleichzeitig die Diktatur umgehen. Der Bruch mit dem System kam auch durch den immer währenden schleichenden Protest in der Literatur, der Sprache und Gottesfürchtigkeit, durch die Revolution mit Boris Jelzin zustande.

6 Literaturverzeichnis:

Csampai, Attila/ Holland, Dietmar (Herausgeber): Boris Godunow. Texte, Materialien, Kommentare. Reinbeck bei Hamburg 1982.

Fletcher, Giles: O gosudarstve Russkom. Sankt Petersburg 1911.

Freiherr von Herberstein, Siegmund: Rerum Moscoviticarum comentarii. Basel 1549.

Lichacev, Dmitrij/ Pancenko, Aleksandr: Die Lachwelt des alten Rußland. München 1991.

Mühlbach, Marc: Russische Musikgeschichte im Überblick. Ein Handbuch. Berlin 1994.

Nolte, Hans- Heinrich: Kleine Geschichte Rußlands. Bonn 2005.